E. DE POMPERY

BLANQUISME

ET

OPPORTUNISME

La Question sociale;
Légitimité de la Revendication du Prolétaire;
Fausseté de la Théorie des Coups de force.

> Sacrifie à la canaille, ô poète! Sacrifie-lui, s'il le faut et quand il le faut, ton repos, ta fortune, ta joie, ta patrie, ta liberté, ta vie. La canaille, c'est le genre humain dans la misère. La canaille, c'est le commencement douloureux du peuple. La canaille, c'est la grande victime des ténèbres. Sacrifie-lui! sacrifie-toi!... Recueille sa plainte, éclaire-la sur ses fautes et sur les fautes d'autrui. Tends-lui l'oreille, la main, le bras, le cœur. Fais tout pour elle, hormis le mal. Hélas! elle souffre tout et elle ne sait rien.
>
> (Sur Shakespeare, VICTOR HUGO.)

Prix : **80** Centimes

PARIS

AUGUSTE GHIO, EDITEUR

PALAIS-ROYAL, 1, 3, 5, 7, GALERIE D'ORLÉANS

1879

E. DE POMPERY

BLANQUISME

ET

OPPORTUNISME

La Question sociale;
Légitimité de la Revendication du Prolétaire;
Fausseté de la Théorie des Coups de force.

Sacrifie à la canaille, ô poète! Sacrifie-lui, s'il le
faut et quand il le faut, ton repos, ta fortune, ta joie,
ta patrie, ta liberté, ta vie. La canaille, c'est le genre
humain dans la misère. La canaille, c'est le commencement
douloureux du peuple. La canaille, c'est la grande vic-
time des ténèbres. Sacrifie-lui! sacrifie-toi! Reçois sa
plainte, éclaire-la sur ses fautes et sur les fautes d'au-
trui. Tends-lui l'oreille, la main, le bras, le cœur.
Fais tout pour elle, hormis le mal. Hélas! elle souffre
tant et elle ne sait rien.

(Sur Shakespeare, Victor Hugo.)

PARIS

AUGUSTE GHIO, ÉDITEUR

PALAIS-ROYAL, 1, 3, 5, 7, GALERIE D'ORLÉANS

1879

DÉDICACE

A M. E. LITTRÉ

Directeur de la *Philosophie positive.*

Cher Maitre,

Voulez-vous bien me permettre d'attacher à ces pages votre nom illustre et vénéré. Ce sera à la fois un témoignage de notre communauté d'idées et des sentiments de respectueuse amitié qui m'unissent à vous.

La vue des souffrances qui affligent votre vieillesse et auxquelles vos vaillantes habitudes de travailleur apportent seules quelque soulagement efficace, semble donner plus de force à mes sentiments de haute et affectueuse estime.

Veuillez, cher maître, accueillir cet hommage avec votre bienveillance aimable et accoutumée.

E. DE POMPERY.

BLANQUISME

ET

OPPORTUNISME

LE BLANQUISME

Que penseriez-vous d'un homme qui viendrait vous dire : Demain, mes amis et moi, nous allons frapper un grand coup, et demain la France sera libre. On y verra enfin régner la justice et la véritable égalité. Demain, tout sera changé.

Les conditions de la société sont mauvaises ; l'ignorance et la superstition étendent partout leurs voiles noirs, la misère dévore les paysans et les ouvriers ; la richesse et le bien-être ne sont le partage que d'un petit nombre d'élus ; les capitaux, peu abondants, ne servent qu'à l'exploitation du travail.

Eh bien ! demain, grâce à notre coup de force, à notre grand coup de collier, demain la face de la France sera renouvelée.

Le travail fécond produira la richesse, l'abondance remplacera la pénurie, la lumière dissipera les ténèbres de l'ignorance. On n'aura plus faim, on verra clair. Tous ceux qui rendent la justice, tous ceux qui administrent les intérêts publics, tous ceux qui assurent la sécurité générale, tous, oui, tous seront probes, capables, dévoués et dignes de leur belle mission. L'association universelle sera réalisée. La société aura marché de mille ans en un jour. Demain nous serons en l'an trois mille, et le bonheur du peuple sera complet et assuré.

Je vous le demande : que penseriez-vous de l'homme qui
tiendrait un pareil langage ? Vous diriez qu'il extravague, qu'il
est fou. Dans les contes de fées, il est question de coups de
baguette magique qui, en un clin d'œil, transforment un homme
en bête ou une bête en homme, un désert aride en un jardin
délicieux, une pauvre chaumière en un riche palais.

Mais, dans la réalité et dans l'histoire, il ne se passe rien de
semblable. Au contraire, on remarque qu'il a fallu des siècles
pour amener un changement et que les changements se succè-
dent avec une lenteur désespérante. L'enfant naissant ne peut
devenir un homme en quelques minutes. Chacun voit cela et le
comprend. Et il en est également ainsi des sociétés humaines. L'histoire nous apprend par quelles cruelles et nom-
breuses étapes elles sont devenues ce que nous les voyons
aujourd'hui.

Eh bien, Blanqui est cet homme, et il a payé de sa liberté,
pendant de longues années, la folie de son esprit et sa foi dans
les coups de force et les coups de collier.

En socialisme, Blanqui est un homme de foi et nullement un
homme de science ; et certainement, en bon métaphysicien ou
théologien socialiste, il méprise souverainement la science,
c'est-à-dire l'histoire avec ses enseignements, l'expérience et
l'observation. Qu'a-t-il besoin de tout cela ? L'homme de foi
croit à des principes absolus et ne s'inquiète pas du reste. Il
voit toujours le but et ne s'arrête pas à la recherche des moyens,
aveuglé et ébloui par la pleine lumière des principes.

« L'homme est né libre ; le peuple est souverain ; liberté,
» égalité, fraternité ; tous pour chacun et chacun pour tous ; de
» chacun selon ses forces, à chacun selon ses besoins ; tous
» rois et frères, tous également heureux. »

Autant nous trouvons qu'il est bon de marcher à la lumière
des principes, autant nous pensons qu'il est peu sage de ne pas
tenir compte des faits actuels et des moyens pratiques de les
modifier.

A notre avis, les hommes de foi en socialisme sont absolument logés à la même enseigne que le sont dans les sciences
les théologiens et les métaphysiciens. Il n'y a lieu d'en faire
état qu'au point de vue historique ; mais, pour la pratique
sociale, il importe de les laisser entièrement de côté.

Le journal qui a inventé la candidature de Blanqui a publié
le 4 mai un supplément, illustré d'un portrait, entièrement
consacré à mettre en relief la vie et les actions de son héros.

Nous avons lu avec intérêt ce document, parce qu'après tout Blanqui est un homme dévoué au peuple, parce que, comme on le verra, nous avons travaillé dans la même voie (et ce n'est pas d'aujourd'hui !), parce que le martyr d'un sentiment généreux fait, malgré tout, honneur à l'humanité.

Il y a deux parts à faire dans ce suppplément : celle qui est relative aux idées et celle qui se rapporte aux actes de Blanqui.

Voyons d'abord cette seconde partie.

Sans entreprendre l'analyse et l'appréciation du caractère du célèbre prisonnier, je ne m'arrêterai qu'aux faits et aux idées qui le caractérisent.

Conformément à sa doctrine, que, par un coup de force et en un jour, on peut changer la société de fond en comble et *réaliser le bonheur du peuple*, Blanqui a conspiré toute sa vie et tenté résolument coups de main sur coups de main, coups de collier sur coups de collier. A première vue, ces tentatives sont pratiquées dans des circonstances si défavorables qu'on ne peut s'empêcher de croire qu'elles viennent d'un monomane ; on va en juger.

En 1827, Blanqui se mêle aux émeutes, qui préludaient de loin à la révolution de Juillet, en qualité d'affilié aux ventes des carbonari.

En 1830, il prend le fusil, et fait partie des décorés de Juillet.

En 1831, impliqué dans le *procès des dix-neuf*, il est condamné à un an de prison pour la violence de sa défense.

En 1836, compromis dans l'affaire de la rue de Loursine, (procès des poudres), il fut condamné à deux ans de prison pour association illicite et fabrication clandestine de poudre de guerre.

Blanqui, aidé de quelques autres, avait réorganisé la *Société des familles* sous le nom de *Société des saisons*. Cette Société prit les armes le 12 mai 1839 et tenta un coup de main sur l'hôtel de ville, au milieu de la sécurité la plus profonde et de l'étonnement général. Le procès eut lieu devant la cour des Pairs. Blanqui fut condamné à une détention perpétuelle et, plus tard, envoyé comme malade à l'hôpital de Tours. On lui donna sa grâce qu'il refusa avec dédain. En 1846, il fut accusé d'avoir fondé une société secrète que l'on chercha à rattacher aux émeutes qui eurent lieu à l'occasion de la cherté des grains, affaire de Bazançais. Il fut acquitté par la police correctionnelle de Blois.

En 1848, Blanqui établit son club au Conservatoire. Ce club devint un foyer révolutionnaire, où se succédaient les motions les plus violentes.

Le 7 mars, il demande l'ajournement *indéfini* des élections et l'envoi en province de citoyens chargés d'y porter la lumière démocratique. Le 17 mars, une manifestation imposante se produit et Blanqui vient demander au gouvernement provisoire l'ajournement des élections, tout en espérant aller plus loin et renverser un gouvernement jugé inactif. Le 16 avril, autre manifestation, toujours dans le même sens. Enfin le 15 mai eut lieu l'envahissement de la Chambre des députés; Blanqui, à la tribune, s'exprima ainsi : « Le peuple exige que l'Assemblée nationale décrète sans désemparer que la France ne mettra l'épée au fourreau que lorsque l'ancienne Pologne de 1772 sera reconstituée. »

Condamné à dix ans de détention, il réussit à s'échapper de l'hôpital Necker en 1861. De Belgique, il venait clandestinement à Paris. Il assistait aux funérailles de Victor Noir, dans l'espérance qu'un mouvement en pouvait surgir. Revenu une autre fois à Paris, Blanqui, avec quelques amis, attaqua le poste des pompiers de la Villette, le 14 août 1870, s'imaginant qu'il précipiterait ainsi la chute de l'empire.

Au 31 octobre 1870, il était à l'hôtel de ville pour renverser le gouvernement de la Défense nationale. Le 22 janvier 1871, Blanqui participait à une autre tentative avortée contre le gouvernement.

Tels sont en bref les actes de Blanqui : environ une quinzaine de coups de force de 1827 à 1871, dans l'espace de 44 ans.

Quelques courtes remarques sont ici nécessaires.

Substituer à la monarchie bourgeoise la république en attaquant un petit poste de soldats; renverser l'empire en se jetant sur un autre poste de paisibles pompiers; porter la lumière démocratique sur la surface du pays avec quelques citoyens à l'éloquence révolutionnaire; rétablir la Pologne de 1772 à la barbe de l'Europe par décret et en la menaçant de l'épée de la France; réaliser l'égalité, la justice et le bonheur du peuple en décrétant l'abolition de la propriété individuelle : voilà les chimères nées dans le cerveau de Blanqui, caressées par son imagination malade, follement poursuivies par des coups de force.

Quant à l'ajournement indéfini des élections par le suffrage universel, cela signifie clairement que Blanqui ne croit pas le peuple en état de se diriger et de se gouverner, qu'il veut prendre le pouvoir en son nom, en constituant un comité de salut public. C'est une preuve de plus que les communistes révolutionnaires, ces amants platoniques de la liberté, tombent naturellement dans l'arbitraire, aspirent instinctivement à la dictature, sans doute et toujours *pour faire le bonheur du peuple*, mais le faire malgré lui et de force, puisqu'il ne c mprend pas.

Il faut remarquer encore que la théorie des coups de force révolutionnaires, explicables sous un gouvernement résumé par la volonté capricieuse d'un despote, devient complètement injustifiable et irrationnelle dans un gouvernement de droit public, où chacun participe à la formation de la loi, laquelle devient l'expression de la volonté de tous. C'est notre cas aujourd'hui, en France, et c'est pourquoi le coup de force y apparaît comme une monstruosité d'un autre âge.

Examinons maintenant la valeur des doctrines et la forme des revendications de Blanqui au nom du peuple. La forme est violente, comme on doit s'y attendre, mais au fond Blanqui n'a rien dit qui n'ait été dit avant et après lui. Il ne pouvait d'ailleurs aller plus loin. Le lecteur va bientôt en être convaincu. Voici la proclamation adressée par Blanqui aux clubs démocratiques, en mars 1848 :

« La République serait un mensonge si elle ne devait être que la substitution d'une forme de gouvernement à une autre. Il ne suffit pas de changer les mots : il faut changer les choses.

» La République, c'est l'émancipation des ouvriers; c'est la fin du régime de l'exploitation, c'est l'avènement d'un ordre nouveau qui affranchira le travail de la tyrannie du capital.

» Liberté, Égalité, Fraternité : cette devise qui brille aux frontons de nos édifices ne doit pas être une vaine décoration d'opéra. Point de hochets, nous ne sommes plus des enfants. Il n'y a pas liberté, quand on manque de pain. Il n'y a pas égalité, quand l'opulence fait scandale à côté de la misère. Il n'y a pas fraternité quand l'ouvrière, avec ses enfants affamés, se traîne aux portes des palais.

» Du travail et du pain! L'existence du peuple ne peut rester à la merci des frayeurs et des rancunes du capital. »

Exposons plus amplement les doctrines de Blanqui. Ce que je trouve de plus caractéristique sur ce point est extrait d'un article, destiné au *Libérateur*, 1834, journal qui n'a pas paru.

La *Révolution française* vient de l'imprimer, sans doute pour la première fois.

« Qui fait la soupe doit la manger... La richesse n'a que deux sources : l'intelligence et le travail, l'âme et la vie de l'humanité. Suspendez un seul instant ces deux forces, l'humanité meurt. Toutefois, elles ne peuvent agir qu'à l'aide d'un élément positif : le sol, qu'elles mettent en œuvre par leurs efforts combinés.

» Il semble donc que cet instrument indispensable d'activité devrait appartenir à tous les hommes. Il n'en est rien.

» Des individus se sont emparés par ruse ou par violence de la terre commune et s'en déclarent les possesseurs. Ils ont établi par des lois qu'elle serait à jamais leur propriété et que leur droit de propriété deviendrait la base de la constitution sociale, c'est-à-dire qu'il primerait et au besoin qu'il pourrait absorber tous les droits humains, même celui de vivre, création de la nature, s'il avait le malheur de se trouver en conflit avec le privilège, propriété du petit nombre.

» Ce droit de propriété s'est étendu par déduction logique du sol à d'autres instruments, produits accumulés du travail et qu'on appelle *capitaux*. Or, comme les capitaux, stériles d'eux-mêmes, ne fructifient que par la main-d'œuvre et que, d'un autre côté, ils sont nécessairement la matière première mise en œuvre par les forces sociales, la majorité, exclue de leur possession, se trouve condamnée aux travaux forcés au profit de la minorité possédante.

» Ni les instruments ni les fruits du travail n'appartiennent aux travailleurs, mais aux oisifs.

. . . .

. . . .

» ... Les faits ont leur éloquence et ils prouvent le duel, le duel à mort entre le revenu et le salaire.

» Qui succombera ? — Question de justice et de bon sens.

» Examinez. — Point de société sans travail ; partant, point d'oisifs qui n'aient besoin de travailleurs.

» Mais quel besoin les travailleurs ont-ils des oisifs ? Le capital n'est-il productif entre leurs mains qu'à condition d'appartenir à des parasites ?

» ... Oui, le droit de propriété décline, les esprits généreux prophétisent et appellent sa chute. Le principe essénien de l'Égalité le mine lentement depuis des siècles par l'abolition successive des servitudes qui formaient les assises de sa puissance. Il disparaîtra un jour avec les derniers privilèges qui lui servent de refuge et de réduit. Le présent et le passé nous garantissent ce dénoûment, car l'humanité n'est jamais stationnaire : elle avance ou recule. Sa marche progressive la conduit à l'Égalité, sa marche rétrograde

remonte par tous les degrés du privilège jusqu'à l'esclavage person-
nel, dernier mot du droit de propriété.

» ... Disons tout de suite que l'Égalité n'est pas le partage
agraire. Le morcellement infini du sol ne changerait rien, dans le
fond, au droit de propriété. La richesse provenant de la possession
de l'instrument de travail plutôt que du travail lui-même, ce génie
de l'exploitation resté debout saurait bientôt, par la reconstruc-
tion des grandes fortunes, restaurer l'inégalité sociale.

» L'association substituée à la propriété individuelle fondera
seule le règne de la justice par l'égalité. »

Ces passages suffisent à faire connaître la doctrine socialiste
de Blanqui. Quoiqu'il prononce le mot d'association, il est évident que l'auteur est une sorte de communiste ou de collecti-
viste. Aussi le journal ajoute-t-il : On voit que les collecti-
vistes peuvent hautement revendiquer Blanqui comme un
des leurs.

L'association volontaire et le communisme sont absolument
contradictoires. L'association procède de la liberté. Le communisme et le collectivisme sont autoritaires et procèdent de la
force ou contrainte sociale.

Ces questions ont été agitées et discutées par toutes les
écoles socialistes. Et, sur ce sujet, on a été aussi loin et l'on a
parlé aussi radicalement que Blanqui.

Vers la fin de l'empire, en 1868, le gouvernement crut habile
de permettre des réunions publiques pour y agiter la question
sociale. Il y envoyait des orateurs à lui, des Budaille, des
Brionne, dont les paroles véhémentes étaient soigneusement
recueillies par ses journaux, si bien que le *Pays* pouvait con-
clure en son style : *On ne discute pas avec le socialisme, on le
supprime.*

A ce moment, 1868, nous avons publié sous ce titre : *Revendication du prolétaire,* un écrit, qui, en admettant la légitimité
de la revendication, répudie les coups de force, pose la question
sociale sur un terrain solide et met en lumière les moyens
sérieux de la résoudre progressivement.

La question est toujours la même aujourd'hui comme alors.
Blanqui a dit et écrit ce qu'il dirait et écrirait encore, de même
que dans les réunions publiques de 1868 on a dit ce que l'on a
entendu plus tard dans les congrès ouvriers. La question sociale
ne vieillit pas. Elle est toujours présente. C'est pourquoi ce
que nous avons écrit alors se trouve encore être absolument
topique aujourd'hui.

L'OPPORTUNISME

I

LA SITUATION EN 1868

Depuis l'ouverture des réunions publiques, le journal *Pays* en donne avec constance une analyse plus ou moins exacte. Il bat le rappel aux oreilles des conservateurs et crie tous les matins : Au feu ! au feu ! la maison brûle ou va brûler.

Sans approuver tout ce qu'on a pu dire dans ces réunions, nous croyons qu'elles sont utiles et qu'elles peuvent le devenir bien davantage. Ces réunions doivent porter un double enseignement : un enseignement pour ceux qui ignorent et qui souffrent, un enseignement pour ceux qui ont charge d'âmes et pourraient l'oublier. Ce n'est pas en se voilant la tête qu'on trouve son chemin, ce n'est pas en faisant le silence sur les problèmes, *toujours posés de l'économie sociale,* qu'on peut en préparer la solution. Si l'on doit faire la part des violences de parole des déclamations et des récriminations, il est juste aussi de tenir compte des revendications de ceux que le fait social opprime et qui sont les victimes de la force des choses.

D'autre part, s'écrier, dans un paroxysme de rage ou de terreur : *On ne discute pas avec le socialisme, on le supprime,* n'est-ce pas poser le cas de guerre sociale et faire appel à ces autres formules : *liquidation sociale, propriété collective, vivre en travaillant ou mourir en combattant ?* Loin de nous ces violences impies, autant qu'elles sont aveugles.

Il faut demeurer dans la raison et s'attacher à la justice. Là seulement se trouve la voie droite, la voie du progrès véritable.

II

LE PROBLÈME SOCIAL ; LA QUESTION POSÉE

Quoi de plus saint parmi les hommes que la justice, quoi de plus nécessaire que d'en poursuivre chaque jour la recherche et une réalisation plus complète ? Contre toutes les défaites et contre toutes les impossibilités du moment, le droit de Spartacus, le droit de John Brown reste entier. Esclave, serf, prolétaire, noir ou blanc, homme, femme, enfant, qui que tu sois et sous quelque forme que tu subisses l'oppression, ta cause doit être la nôtre et nous souffrons avec toi.

Mais il ne suffit pas que la revendication soit légitime, il faut aussi qu'elle soit clairvoyante, qu'elle fasse son profit de l'expérience des faits, attestés par l'histoire. Autrement, la revendication perd de sa valeur, et elle court grand risque de ne provoquer qu'un sanglant et triste avortement. Il n'y en a que trop d'exemples, et ces exemples doivent servir à notre instruction.

L'esclave a eu son jour, le serf a eu son jour, le prolétaire aura le sien. Telle est la révélation de l'histoire, telle est la loi indiscutable du progrès de l'espèce humaine.

Il n'y a ni à s'en étonner, ni à s'en effrayer. Il faut y réfléchir, y penser; il faut préparer l'avènement de ce jour, pour qu'il s'accomplisse, non pas dans un orage, mais régulièrement, comme sort le soleil de la nuit profonde.

Que de longs siècles de souffrance avant que l'esclave devînt serf et le serf prolétaire!... Restait encore une forme de l'inégalité, la naissance. 89 l'emporta d'un coup d'aile, en promulguant la déclaration des droits de l'homme, œuvre immortelle qui mettait un dernier sceau sur le passé. Aujourd'hui, il n'y a plus qu'une seule cause d'inégalité artificielle, le capital, la richesse, la fortune. Par le capital, l'homme s'assure l'instruction, le moyen du travail, la sécurité dans la maladie et la vieillesse, et même le triste droit au repos, *ce bel ennemi de l'homme,* comme dit Pope. Sans le capital, tous ces avantages incalculables sont précaires, chanceux, inaccessibles le plus souvent.

En présence de cette cause artificielle et fortuite d'inégalité, car c'est la société, non la nature, qui fait des riches et des pauvres, comment s'étonnerait-on des attaques théoriques auxquelles la propriété est en butte, des malédictions portées au capital et des amers ricanements que provoque la richesse? Rien de plus concevable. Lazare souffre la soif et la faim, et il implore ou jalouse le mauvais riche; changez les rôles, le mauvais riche serait comme Lazare, et Lazare comme le mauvais riche.

Le Tiers-Etat, ce premier né du prolétariat, est entré dans la cité légale. Il y jouit de tous les droits que possédait autrefois le privilégié, c'est-à-dire l'antique représentant de la conquête ou de la force brutale. On peut dire que le bourgeois est devenu lui-même un privilégié, en ce sens que le capital est aujourd'hui la source unique des inégalités sociales. Les progrès de la socialité humaine ont précisément pour objet de faire disparaître toutes les inégalités qui ont marqué les étapes du genre humain afin qu'il ne reste plus que les différences et les inégalités naturelles, les seules légitimes, irréductibles, et qu'on ne peut confondre avec les inégalités sociales, qu'en abdiquant tout bon sens et toute logique.

Mais voilà le point difficile, la question dans sa simplicité et sa difficulté : Comment le prolétaire pourra-t-il pénétrer dans la cité légale et y jouir de tous les avantages de son frère aîné, le bourgeois? Comment faire pour qu'il puisse prendre aussi sa place au soleil de la civilisation! Son droit est incontestable, mais par quels moyens pourra-t-il l'exercer, le pratiquer?

<h2 style="text-align:center">III</h2>

LA PLAINTE DU PROLÉTAIRE.

Transportons-nous maintenant dans une de ces salles où le prolétariat tient ses assises. Quel souffle d'ouragan agite cet océan de têtes! Quelles impatiences! quelles colères! quelles plaintes, quelles ironies, quelles menaces, quels appels formidables à la justice! Au milieu de ces cris, de ces interruptions, de ces éclairs, rien de net et de positif qu'une chose, le sentiment du droit. A la surface de ce bouillonnement, une écume chargée de récriminations, de révoltes et de projets plus ou moins extravagants; au fond, une certitude, le droit, la revendication de l'opprimé, revendication sainte, éternelle, jusqu'à ce qu'on y ait satisfait.

C'est par nous qu'il y a des riches, et nous sommes pauvres; nous sommes les producteurs et nous consommons à peine; ces temples, ces palais, ces maisons confortables, c'est nous qui les avons bâtis; ces voitures rapides, élégantes, c'est nous qui les avons construites; ces étoffes de velours et de soie, ces diamants et ces bijoux sont l'œuvre de nos mains; les aliments variés de vos tables somptueuses, c'est à nos labeurs qu'ils sont dus; artisans du luxe de cette grande capitale, nous vivons dans les privations et la misère : chair à canons, chair à prostitution, chair sacrifiée au travail malsain, homicide, c'est sur notre fumier, sur les couches profondes que nous formons sous vos pieds, que vous, riches, capitalistes, heureux du siècle, vous élevez vos tiges élégantes, épanouissez vos fleurs parfumées et portez des fruits savoureux.

Que répondre? Est-ce que le droit de vivre par son travail n'est pas le premier et le plus saint des droits? Comment le contester? Est-ce qu'en principe les hommes ne sont pas égaux devant la loi commune, devant la loi sociale, base de leur sécurité et de leur union? De quel droit la terre, domaine de l'homme, a-t-elle pu être morcelée et appropriée par quelques-uns? N'avons-nous pas tous un droit égal à une part de soleil, d'air respirable? Oui, à coup sûr, c'est un mauvais spectacle, une odieuse et terrible extrémité que de voir les uns, en petit nombre, mourir de la pléthore du luxe, et les autres, en foule pressée, crever par excès de misère; de voir les uns vivre sans travailler, les autres mourir parce qu'ils travaillent trop ou parce qu'ils manquent de travail.

Mais laissons cette plainte, purement théorique, et écoutons les récriminations des prolétaires eux-mêmes. Voici ce que je relève dans une réunion où s'agitait la question du chômage :

« La bourgeoisie est toute puissante par la propriété du sol, par le capital et le crédit, elle peut attendre... Les patrons pensent tout bas ou disent entre eux : que nous importe? l'ouvrier n'est qu'un instrument pour nous.

» Le peuple lui, est trop ignorant, il frémit, il souffre sous le joug de l'ordre social; il souffre longtemps, ses cris de douleur sont sans échos, jusqu'au moment où ils se transforment en cris de rage. S'il réclame trop vivement, il y a des chassepots qui interviennent. En bonne justice, ce devrait être contre les patrons.

» Il faut un remède. Ce remède c'est le communisme, la propriété collective.

» Nous arriverons à constituer la fortune publique autrement qu'elle ne l'est aujourd'hui. Nous ne verrons pas tout aux uns et rien aux autres. D'un côté, des gens qui travaillent, de l'autre, des gens qui ne savent que faire de l'argent qu'ils nous prennent... Nous ne verrons plus la misère et la faim venir frapper à nos portes, nous ne verrons plus traîner dans les rues les prostituées, prostituées titrées ou autres. (Bravos prolongés).

« Oui, tout cela changera, et pour cela que faut-il ? Bien peu de chose ! Le vouloir seulement ! Il y a en France trois millions d'individus qui détiennent la propriété territoriale ou autre, et les trente-sept millions restants sont entre les mains de ces trois millions... Si nous mettions les trois millions sous la main des trente-sept autres millions, ça vaudrait mieux, n'est-ce pas? Eh bien, nous le ferons, et pour cela, ce qu'il faut, c'est constituer la propriété collective... Nous ne voulons pas que le travailleur qui rentre chez lui, les bras épuisés de fatigue, ne trouve pas un morceau de viande à manger ; nous ne voulons pas que le bien-être soit l'apanage exclusif d'une certaine classe de la société. Le communisme seul peut nous donner ce que nous désirons.... Il faudra qu'à notre tour nous venions dire ce qu'ont dit nos pères : *Vivre en travaillant ou mourir en combattant.* »

Le second orateur entendu sur la question n'a pas été moins vif, le lecteur en jugera par quelques-unes de ses paroles :

« Citoyens, il est une bonne conseillère, c'est la faim, la faim qui n'est que le résultat du chômage; cette faim a dit à l'homme : tu vis et tu travailles pour vivre, d'autres ne travaillent pas et ils vivent. Toi, quand tu ne travailles pas, tu ne vis pas ! Et pourquoi alors doivent-ils vivre, si je dois mourir ? Voilà ce que dit la faim ! L'homme à qui elle parle ainsi, un beau jour se lève, car la faim parle plus haut que tous les raisonnements, et alors il prend une arme quelconque et s'en va se faire tuer sur le pavé des faubourgs. »

« La bourgeoisie ! ces ennemis, en 93, ils ont laissé passer un jeune ambitieux qui, recevant la France grande de la Révolution, nous l'a rendue petite et courbée sous la lance du Cosaque ! Voilà ce qu'ils ont fait, ces ennemis. En 1830, ils nous ont tendu la main pour se sauver; en février 1848, ils ont fait la même chose ; en juin, quand vous avez voulu avoir votre tour, ils vous ont répondu par la mort... L'ouvrier ne peut se sauver que par les mêmes moyens qu'il a employés en 93 ! »

IV

LÉGITIMITÉ DE LA REVENDICATION

C'est assez de citations; il est inutile de reproduire des variations sur ces thèmes toujours les mêmes et toujours applaudis. En résumé, nous sommes en face de revendications légitimes au nom de la justice, de récriminations violentes contre la bourgeoisie, de l'exposé de moyens impossibles pour obvier au mal, et finalement d'un appel à la force.

Il convient d'examiner chacun de ces points de la thèse incessamment débattue ou plutôt acclamée dans les réunions populaires.

Et d'abord la revendication. Nous en avons admis la légitimité sans aucun détour. La plainte du prolétaire est la même, sous une autre forme, que la plainte de l'esclave et du serf. Aujourd'hui, ces derniers ayant eu gain de cause, leur revendication paraît aux yeux de tout le monde équitable et naturelle. Semblable justice ne peut manquer au prolétaire par le bénéfice du temps et le progrès des idées et des mœurs. C'est une question à résoudre jour à jour, heure par heure, et tous les développements de la science et de l'industrie y concourent efficacement.

Mais, autant les revendications faites au nom du prolétariat sont justes, autant elles sont utiles par les études qu'elles commandent et par l'incessante mise à l'ordre du jour des questions les plus essentielles de l'économie sociale; autant, nous allons le voir, les récriminations sont folles, autant les moyens d'y faire droit sont impraticables, et les appels à la force radicalement impuissants, puérils, et de plus, contraires au succès de la cause de ceux qui ont raison de faire entendre leur plainte.

V

FOLIE DES RÉCRIMINATIONS

Que valent ces récriminations contre la bourgeoisie? Ecraser un bourgeois, c'est écraser un homme qui a le même droit à la vie que celui qui l'écrase. Je sais qu'il y a des bourgeois repus, égoïstes, injustes, grossiers, qui peuvent dire ou penser: Que m'importe l'ouvrier! Mais n'y a-t-il pas aussi des ouvriers égoïstes, injustes, grossiers et encore, hélas! dégradés par la misère? Est-ce que par hasard les ouvriers auraient le monopole de la vertu, du courage, du savoir, de la sagesse, de la générosité et de la bienveillance? Je ne vois des deux côtés que des hommes, *faits de mesme pâte et nés à mesme moule*, comme dit Estienne de la Boétie. Changez les rôles : mettez les uns dans les conditions des autres, les prolétaires se conduiraient en bourgeois, et les bourgeois agiraient en prolétaires, car tous sont des hommes.

En fait, les bourgeois sont les premiers nés à la vie morale et intellectuelle, et le prolétaire n'est que le frère cadet du bourgeois. Eh! bonnes gens, le monde n'est pas beau assurément, mais le monde du passé, le monde d'il y a cent ans seulement, était mille fois plus abominable que le monde tel qu'il se comporte aujourd'hui. Eh bien! ce monde nouveau, tout plein de belles promesses et de grands espoirs, c'est à la bourgeoisie que nous le devons. Ce sont les bourgeois Voltaire, Diderot, d'Alembert, Rousseau, Condorcet, qui ont préparé 89 et fait les hommes de 89. Ce sont les bourgeois Bailly, Lafayette, Mirabeau, et encore les bourgeois Vergniaud, Buzot, Brissot, Roland et toujours les bourgeois Desmoulins, Danton, Robespierre, Carnot qui ont, chacun à leur façon, mis la main à l'œuvre de la Révolution. Marat lui même, cet épileptique ami du peuple, était un bourgeois peu lettré et peu savant, gonflé d'orgueil, mais un bourgeois; peut-être a-t-il eu son heure et son moment dans cette grande tourmente.

Mais tous les génies, tous les savants, tous les artistes qui ont été les promoteurs du progrès dans la société humaine, étaient des bourgeois, depuis Socrate qui but de la ciguë de par l'ordre du peuple d'Athènes, jusqu'à Lavoisier, qui mourut sur l'échafaud de par le peuple de Paris. Car, dans les époques d'ignorance, presque toujours l'initiateur est dévoré par les initiés. (Ainsi est-il arrivé à Jean Hus. Voyant tout ce peuple qui courait avidement à son supplice, le martyr s'écria : *ô sancta simplicitas !* autre variante du mot du grand crucifié : *Mon Père, pardonnez-leur parce qu'ils ne savent ce qu'ils font.*)

Ces récriminations du prolétaire contre son frère aîné sont donc injustes, à les considérer dans leur sens général. Elles seraient une marque d'ingratitude si elles n'étaient une preuve d'ignorance.

VI

LOI ET CONDITIONS DU PROGRÈS

Il faut voir et comprendre autrement les choses. Les conditions du développement de l'humanité nous sont révélées par l'histoire et par les sciences positives. Faible et nu, ignorant et misérable, l'homme a commencé par la brutalité, par l'oppression des faibles, femmes, enfants, vieillards, et des vaincus ; il a dévasté la terre par le pillage, l'incendie, le meurtre et la tuerie en grand, que nous appelons la guerre. Le travail, accompli dans de mauvaises conditions, était une peine si lourde, qu'il a revêtu le caractère de châtiment et qu'on a fait d'abord des esclaves, puis des serfs. La théocratie a été le produit de l'imagination enfantine de nos ancêtres, et le despotisme, imitation du pouvoir paternel, la première invention des hommes groupés ensemble, pour assurer un certain ordre et obtenir une sécurité relative.

Telles sont en aperçu les cruelles et longues étapes des sociétés humaines. A mesure qu'un être grandit, il se débarrasse de ses premiers organes, devenus inutiles et qui seraient désormais nuisibles à l'exercice d'une vie plus forte. Ainsi fait l'humanité, elle se débarrasse, chemin faisant, des institutions primitives, organes rudimentaires de ses premiers âges. Elle abolit l'esclavage, le servage, elle répudie la théocratie et rejette le despotisme. Les vieilles réglementations, devenues des entraves, tombent l'une après l'autre. On fait moins mal, puis un peu mieux et l'on avance toujours. Ainsi se manifeste la loi du développement de notre espèce.

Mais il ne faut pas méconnaître notre passé, si horrible qu'il nous paraisse aujourd'hui. L'humanité est partie de bien bas. Il

y a loin de la hutte d'un sauvage au palais du Louvre et même
au plus modeste de nos logis. Sans l'esclavage et le servage,
nous serions morts de faim et de maladie; la guerre elle-même,
la grande infâme! la guerre a mêlé les peuples en les
broyant; la théocratie, avec son cortège de folles et mons-
trueuses superstitions, a soutenu et consolé l'enfance de l'homme
par des espérances invincibles; le despotisme, malgré ses horreurs, a contribué à maintenir un certain ordre parmi nous; la
force, cette sœur de l'ignorance, a tenu lieu de droit et de justice. Il n'est que trop vrai que ces dures nécessités ont marqué
l'évolution du genre humain.

VII

LES MOYENS — LE COMMUNISME — CABET — L'ÉGALITÉ

Examinons maintenant la valeur des moyens jetés en avant
pour réaliser la justice et couvrir la nudité originelle et sécu-
laire de Lazare.

Ces moyens sont simples. Ils consistent dans l'abolition de
la propriété individuelle, l'établissement de la propriété collective, autrement du communisme le plus absolu. Cette théorie
n'est ni neuve ni consolante et remonte presque au déluge. En
fait de méthode, le communisme n'est pas le comble de l'art,
mais l'enfance de l'art d'associer. Plus le groupe humain est
bas placé dans l'échelle de la sociabilité, plus il est près du
communisme. Les populations lacustres ont dû présenter un
état très rapproché de cet idéal à rebours, état qui ne consti-
tuait à aucun titre l'*âge d'or* de l'humanité. Le communisme
n'est pas une synthèse harmonique des éléments du groupe
social, c'est un syncrétisme confus, un chaos informe d'où
l'homme ne tarde pas à sortir. Jamais le communisme ne s'est
établi nulle part avec quelque suite et quelque importance.
On n'a jamais retenu les gens sous son joug que par une idée
ou contrainte religieuse, comme cela s'est vu chez les Essé-
niens et les Moraves.

Le père Cabet, en se reportant au christianisme primitif,
tournait le dos à la science et à l'avenir. Au reste, s'il fut animé
des meilleures intentions, Cabet n'avait aucune valeur scienti-
fique ni économique. Lui-même a dit, dans son almanach ica-
rien de 1848 : « Qu'est-ce que le communisme? C'est un sys-

» tème, une science naissante, qui a pour objet de trouver
» l'organisation sociale la plus parfaite. » On n'est pas plus
naïf. Le communisme, de l'aveu de Cabet, n'est donc pas une
science, puisqu'il a pour objet de chercher l'organisation sociale
la plus parfaite. Tout infatué de sa conception Icarienne, il
désirait sans doute le bonheur des hommes, mais il voulait
aussi que ce bonheur ne fût réalisé que par lui seul. Beaucoup
d'autres lui ressemblent en cela, tant nous sommes faibles et
tant est grand notre amour-propre ! Son Icarie a fondu en
soleil de libre Amérique, et ce n'est pas dommage.

Il n'en pouvait être différemment. Le communisme a pour
principe cette erreur fondamentale de l'égalité des hommes,
sous le rapport de leurs facultés naturelles. Cette erreur a évidemment pour origine une réaction contre les inégalités
sociales, que l'on trouve à l'origine de toute société humaine.
Comme toutes les réactions, celle-ci dépasse le but. Par les
progrès de la sociabilité disparaissent graduellement les inégalités artificielles, dues à la naissance, à la fortune ; et par un
juste contraste, plus la société se perfectionne, plus elle met
chaque individu à même d'arriver au plein essor de ses facultés.
La société favorise l'éclosion des Jacquart et des Watt, des
Kepler et des Newton, des Raphaël et des Beethoven. Elle y a
le plus grand intérêt. Les seules royautés légitimes sont celles
de la beauté et du génie, qui, naturellement acceptées avec en-
thousiasme, ne font autorité que dans la sphère même où elles
concourent au bien de tous, à l'utilité générale. Car, autant les
inégalités sociales sont mauvaises, autant sont précieuses les
inégalités naturelles.

On a tenté d'établir qu'en principe, sous le rapport des facultés, les hommes naissent égaux. Comme les faits donnent
à cette doctrine les plus cruels démentis, on s'est rejeté sur la
fameuse théorie de *l'équivalence des fonctions et des services*.
Vouloir qu'Hercule et Thersite, Phidias et le carrier qui lui
apporte son marbre, Raphaël et les rapins de son atelier, Beethoven et les copistes de sa musique, Newton et le premier aca-
démicien venu, reçoivent des hommes la même part de consi-
dération, avec une portion congrue exactement égale, avec un
vêtement pareil de forme, de couleur et de dimension, il faut
convenir que c'est là une prétendue règle non moins étrange
qu'impraticable. Ce fut la prétention extravagante du père
Cabet à Nauvoo. On en connaît les tristes suites.

Si les droits de l'homme ont pour base incontestable l'égalité, la société humaine ne vit et ne progresse que par l'inégalité des forces et des aptitudes de ses membres. L'égalité est le fondement de la justice, et l'inégalité des individus est la cause du mouvement et de l'harmonie sociale. Tous les hommes ont un droit égal à l'expansion de leur être, à l'exercice de leurs facultés ; tous sont doués d'aptitudes différentes et de facultés inégales, voilà la vérité. Et c'est contre cette vérité d'expérience et de raison que s'est brisé et que se brisera toujours le communisme. Ainsi en a-t-il été de la conception enfantine ou Icarienne du père Cabet.

Le communisme a inscrit sur sa bannière une formule fameuse et qui demeurera, car au fond elle est d'une incontestable justesse : *de chacun selon ses forces, à chacun selon ses besoins*. Mais il importe de raisonner et de passer les choses au creuset de l'analyse. Remarquons tout d'abord que cette formule n'est que l'énoncé d'un but à atteindre, d'un idéal à réaliser. Par elle-même, la formule ne contient aucun moyen de réalisation. C'est un simple vœu, un pur *desideratum*, dont nous nous plaisons à reconnaître la parfaite légitimité.

Mais comment arriver à ce résultat grandiose et désirable ? comment faire pour que chacun produise selon ses forces et consomme selon ses besoins ? A cet égard les orateurs, les écrivains populaires sont muets ou n'ont rien dit qui vaille. C'est pourtant le point qui importe : c'est le point qui devrait faire l'objet de leurs études, de leurs recherches, de leurs méditations et de leurs discours. Il faudrait sans cesse mettre à l'ordre du jour des réunions populaires : quels sont les meilleurs moyens d'acheminer la société à ce *que chacun produise selon ses forces et consomme selon ses besoins ?*

Toute autre question est vaine à côté de celle-là, et, cette question résolue, qui ne voit que le problème social s'y trouve compris tout entier ? Avec un peu de réflexion, il est impossible de ne pas reconnaître que c'est précisément en modifiant les conditions du travail qu'on approche de plus en plus du but. La question sociale, on peut le dire, est tout entière contenue dans ce problème : *Transformer le travail-peine en travail-fonction.*

En effet, ce n'est que par l'organisation du travail-fonction, que les facultés industrielles, artistiques et scientifiques de chacun peuvent éclore et se développer normalement ; ce n'est que par des fonctions librement acceptées, pratiquées avec ardeur, que l'homme peut atteindre à son *maximum* d'action utile et productive; ce n'est que par le bien-être et même la richesse, résultant du travail ainsi organisé, qu'il devient possible de réaliser cette première partie du programme: *à chacun selon ses besoins*. Enfin ce n'est que par le travail accepté comme une fonction que la contrainte morale et physique cessera de peser sur les hommes, et qu'ils pourront réellement vivre en paix et en frères.

VIII

LA PROPRIÉTÉ — LE TRAVAIL

Attaquer la propriété, rien de plus facile, de plus commun et parfois de mieux porté. Plus les attaques sont violentes, plus elles sont accueillies. Mais qui veut faire œuvre sérieuse et profitable doit avant tout rechercher si la propriété individuelle n'a pas été à son heure un progrès considérable, et si elle n'est pas encore aujourd'hui une rigoureuse nécessité. C'est ce que nous allons examiner rapidement.

S'il est un droit sacré entre tous, c'est le *droit de vivre*, encore plus le droit de vivre en travaillant; et s'il est quelque chose d'incontestable, c'est que le travail le plus naturel s'exerce immédiatement et directement sur *la terre*. Tous les autres labeurs de l'homme ont pour but le travail de la terre, ou en sont la conséquence. La terre est aussi indispensable à l'homme que l'air, l'eau et le soleil. Ce sont là des richesses naturelles, départies au genre humain tout entier, puisque les hommes ne sauraient exister sans elles. Donc, jamais la terre n'a pu être *légitimement* appropriée par quelques individus.

— Alors que devient la loi? qu'allez-vous faire du code? — La loi, je la prends pour ce qu'elle vaut, et je respecte le code, jusqu'à ce que nous en possédions un meilleur. C'est ainsi qu'on s'abrite sous une hutte, en attendant que la maison soit debout. L'homme n'en est pas à sa première charte ni à sa dernière, Dieu merci! La charte de Moïse, celle de Solon et de Lycurgue, la charte du pieux Numa, toutes ces chartes ont fait leur temps. La nôtre aura bientôt fait le sien. La légalité varie, les chartes s'améliorent; car, au-dessus d'elles, il existe d'éternels principes de justice, vers lesquels l'humanité s'élève invinciblement, à mesure qu'elle en possède une plus entière conscience. Donc, s'il est bon de respecter les chartes pour leur utilité relative et temporaire, il est encore mieux de ne point mettre en oubli qu'elles ne sont que les degrés du temple de la Justice, degrés que l'humanité gravit péniblement, mais d'un courage indomptable.

C'est ainsi qu'il est facile d'apercevoir la légalité et l'utilité de l'institution de la propriété individuelle, de l'appropriation du sol commun. En effet, celui qui le premier planta sa tente d'une manière fixe, prit la peine d'enclore un champ et de le cultiver; celui-là marqua l'ère d'une société nouvelle, supérieure à la vie sauvage et nomade; celui-là fit accomplir à ses semblables un immense progrès. Nous devons saluer en lui l'initiateur des sociétés industrieuses et pacifiques. CE FUT LE PREMIER PROPRIÉTAIRE. La propriété a donc été un moyen de progrès pour l'humanité. L'histoire et la logique nous obligent à le reconnaître.

Je vais plus loin. Le premier pillard, le premier guerrier, qui, au lieu de tuer les vaincus, de les manger peut-être, après avoir tout détruit par le fer et le feu, le premier guerrier qui en fit des esclaves employés au travail rendit service au genre humain. Il fut en son genre un homme de progrès, un homme intelligent pour son époque. Cela est incontestable.

Dans l'état actuel des choses, la propriété individuelle est encore une dure nécessité; elle est un résultat de notre imperfection sociale, de notre ignorance des moyens d'associer intimement et fraternellement les hommes. Aujourd'hui, on croit que chaque groupe de familles doit vivre isolément, travailler isolément; aujourd'hui, le travail s'accomplit dans des conditions tellement mauvaises, le travail est une *peine* tellement forte, que jamais on n'aurait pu y contraindre l'homme, si l'on avait eu, pour remplacer le fouet du contre-maître à esclaves et l'extorsion du seigneur féodal, l'énergique cupidité du petit propriétaire et les exigences du loueur à bail de la terre. Avec la pression de la faim, l'appropriation de la terre est l'aiguillon fatal de l'homme courbé sous le joug du travail peine et châtiment. L'homme est sous la loi dure de la contrainte, dont son ignorance lui fait une nécessité.

Décréter l'abolition de la propriété, cela est facile; mais cela ne remédierait en rien à la situation. Si les parts étaient également distribuées à chacun, le lendemain, l'inégalité oppressive reparaîtrait. Pour cultiver avec ensemble le fonds laissé en commun, il faudrait nécessairement une organisation préalable du travail, ayant puissance de transformer le travail-peine en travail-fonction, fonction acceptée parce qu'elle est en rapport avec les facultés de chacun. Sans cela, resterait toujours la nécessité de contraindre l'homme à produire son pain quotidien à la sueur de son front. Il faudrait des oppresseurs et des opprimés, sous un nouveau nom, toujours des maîtres et des esclaves.

Telle est donc la situation : la propriété individuelle est une injustice au point de vue du droit naturel; mais elle est un *fait légal*, qui a marqué un progrès pour l'espèce et qui est encore nécessaire, puisque le travail est une *peine* et un *châtiment* (suivant les expressions de la Bible).

IX

LE MOUVEMENT MODERNE

Mais l'humanité ne s'arrête pas en chemin; si elle a d'abord vécu en sauvage, puis en nomade, puis sous la loi dure de l'appropriation et du morcellement de la terre, elle s'avance aujourd'hui vers un autre régime, plus favorable à la vie de l'espèce. Nous en voyons plus d'un symptôme éclatant.

Et d'abord, comment ne pas être frappé de la puissance des moyens de locomotion et de circulation dont nous jouissons aujourd'hui. Pour la pensée, on peut dire que la distance est supprimée, grâce à la télégraphie électrique. De même encore, par l'imprimerie, la pensée a vaincu le temps. Entre les hommes, entre les choses, la distance devient de jour en jour plus petite. La distance, c'est l'ennemi, l'ennemi positif dont il fallait que le génie de l'homme triomphât à tout prix. L'homme a commencé de vaincre le temps et l'espace; et certainement la vapeur, l'électricité n'ont pas dit leur dernier mot. Par la circulation facile, les choses et les produits, devenus mobiles, se trouvent en tous lieux à la portée de tout le monde ; par la locomotion rapide, les hommes se touchent et se donnent la main d'un pôle à l'autre. Ces faits sont considérables, et nous poussent aux plus heureuses conséquences.

D'autre part, la science grandissante et qui de nos jours a fait des pas de géant, la science donne à l'industrie humaine une puissance incalculable. L'outillage moderne est transformé. James Watt, Jacquart, Ackwrigtt, Mathieu de Dombasle, etc., ont centuplé les forces de l'homme dans toutes les directions.

La science appliquée à l'industrie a conduit à la division du travail en minimes fonctions pour l'homme, en opérations très simples pour les choses. De là des avantages considérables : perfection de la main-d'œuvre, rapidité d'exécution, économie et bon marché, apprentissage facile, possibilité d'exercer plusieurs parties de métiers différents.

La circulation rapide, la puissance des moteurs et de la mécanique ont rendu possible la création de la grande industrie. La grande industrie, à son tour, a eu pour effet de développer l'association des capitaux, même les plus petits, et de donner naissance à une nouvelle nature de propriété, *la propriété mobilière et actionnaire*. Tout le monde connaît l'importance de la nouvelle venue, qui balance par sa grandeur l'ancienne forme de la propriété, la propriété immobilière.

La révolution de 89 avait morcelé le sol et éparpillé la terre entre les mains du peuple, comme elle fractionna les fortunes par la suppression du droit d'aînesse. Le sol morcelé devint lui-même mobilisable, et d'autant plus que les faits que nous venons d'exposer sont favorables à cette mobilisation. Il est évident que *la propriété actionnaire* tend à se substituer à la propriété féodale, traditionnelle, immuable. Ce phénomène est visible et peut se passer de démonstration en forme.

Voici mille et mille routes nouvelles, pour rendre la propriété accessible au travailleur, au prolétaire.

L'homme se développe sous l'empire de la nécessité et marche vers la justice, à laquelle il aspire sans cesse. *Nécessité fait loi, nécessité n'a pas de loi*, ces axiomes courants expriment un fait : c'est que l'homme a commencé par la faiblesse, l'ignorance, la misère et toutes les horreurs qui en sont la conséquence. Ce n'est que par l'accroissement de ses lumières, le développement de ses forces morales, par la puissance de son activité créatrice, par l'universalisation du bien-être et même de la richesse, que l'homme, échappant à la loi dure de la nécessité, pourra s'élever à la justice et réaliser la fraternité.

Faisons-le entrevoir en insistant sur un point que nous avons déjà touché. La question de la propriété est liée à la question du travail, question nullement abordée par les orateurs ou écrivains parlant au nom des prolétaires. Pourtant la question les touche directement, et en outre elle se pose comme la question fondamentale de toute société, ayant la prétention de vivre en paix et dans la justice.

X

LE TRAVAIL-PEINE, LE TRAVAIL-FONCTION

Qui n'a cent fois entendu et qui n'entend tous les jours s'échapper de la bouche de son voisin des exclamations comme celles-ci : *Ah! si j'avais des rentes! Ah! si j'étais libre! Ah! si je pouvais me retirer des affaires et prendre ma retraite! Ah! quand pourrai-je me reposer! Ah! si je pouvais vivre tranquille, sans rien faire et sans souci du lendemain!*

Il est inutile de continuer cette litanie bien connue et bien vieille. Mais que signifie-t-elle, sinon que chacun à la ronde maudit le travail et ne songe qu'à échapper à sa loi, insupportable autant qu'impérieuse.

Qu'est-ce donc que représente ce mot TRAVAIL? N'y a-t-il pas là une énigme? Les hommes maudissent le travail et ne peuvent s'en passer. Il a été frappé d'anathème par les légendes religieuses de tous les peuples, déclaré infâme et avilissant par les plus grands philosophes de l'antiquité. Et jusqu'ici, en effet, le travail a été imposé à l'homme dans des conditions tellement mauvaises (et lui-même, émergeant de la vie insouciante du sauvage, y était si peu propre) que pour obtenir qu'il travaillât, il a été nécessaire de faire de l'homme un esclave, un serf, un prolétaire aiguillonné par la faim.

Tu mangeras ton pain à la sueur de ton front, telle est l'antique malédiction, analogue à celle du Peau-Rouge : *Puisses-tu être condamné à labourer un champ!* Et, réellement, dans l'histoire des sociétés humaines, le travail ne semble-t-il pas peser sur l'homme comme une déchéance et une condamnation, une souffrance et un anathème? Le travail ayant pour parrains l'esclavage, le servage et le prolétariat, cet odieux cortège de misères était bien fait pour le frapper d'une souillure ineffaçable.

Cependant, allons au fond de la question du travail, reprenons-la à sa racine et dans son ensemble.

Qu'est-ce que travailler, sinon faire usage de ses facultés, faire emploi de ses forces, sinon, pour tout dire d'un mot, agir, se manifester comme un être vivant ? Mais, si cet usage est naturel, si cet emploi est normal, non-seulement l'être ne doit pas souffrir, mais, au contraire, il ressent la vie dans toute son intensité et jouit du bonheur compatible avec sa condition. Etre actif conformément à la loi de sa nature, il est clair qu'il ne saurait y avoir une autre définition rationnelle du travail. Toute la question du travail se réduit donc à ce point fondamental : *faire en sorte que l'emploi des forces naturelles de l'homme soit normal.*

Agir, faire œuvre utile, créatrice, est tellement le vœu intime de l'être vivant, que nous allons voir que, sans ce besoin primitif, la faim elle-même eût été impuissante à soutenir l'homme dans son pénible labeur.

Que l'on me cite un travail, si terrible qu'il soit dans son exercice et ses conséquences, un travail mettant l'humanité en coupe réglée ; si ce labeur présente un salaire assuré, régulier, qu'importe, il trouvera cent bras pour un. A peine un travailleur tombe-t-il dans les rangs, vingt autres attendent là pour prendre sa place et faire face au monstre, sous la pression suprême de la faim.

Je n'invente point et ne ferai pas de sensiblerie.

Il ne tiendrait qu'à moi de m'étendre sur la condition des mineurs, sur celle des ouvriers travaillant le blanc de plomb, sur les polisseurs de cristal, sur les verriers, dont la vie se termine au plus de 40 à 45 ans.

Il est cent professions dangereuses, malsaines, dégoûtantes, abrégeant la vie ; et toutes recrutent des bras vaillants, toutes lèvent l'impôt du sang sur l'humanité, avec plus de facilité que ne le fait le ministre de la guerre, armé de la toute-puissance des lois.

Comment cela serait-il possible, sans cette terrible et suprême nécessité, la faim ?

Et maintenant, j'ajoute, comment l'homme pourrait-il accepter le travail dans des conditions aussi contraires à sa nature, s'il n'était animé d'un invincible besoin d'activité ?

Il serait impossible de comprendre que l'homme pût se soumettre à la torture du travail, tel qu'il lui a été généralement imposé, si, de par la nature intime de son être, il n'était destiné à être toujours actif et toujours vivant par l'expansion de ses forces.

Jamais l'homme n'eût pu se plier au travail forcé, s'il n'avait été créé pour le travail normal conforme à la nature de son être.

Donc, la faim, cette cruelle initiatrice des sociétés humaines, la faim elle-même, quand elle nous presse de sa main de fer, nous atteste avec force que le *travail-peine* est fondé sur le *travail-fonction*, destinée naturelle de l'homme.

XI

BONHEUR ET TRAVAIL

Faire en sorte que l'emploi des forces naturelles de l'homme soit normal. — Voilà le problème du travail au point de vue social. Il est encore le même au point de vue individuel. En effet, le problème le plus difficile pour chacun de nous, celui dont la solution importe le plus pour notre bonheur, ce n'est ni de nous enrichir, ni d'arriver aux honneurs et à la gloire, — toutes choses qui laissent souvent l'âme vide aussi bien que les bras inoccupés, — c'est de parvenir à nous créer une sphère d'action, c'est de trouver l'emploi de nos forces et l'exercice de nos facultés créatrices.

Cela ressort vivement d'une courte comparaison entre le sort de l'oisif riche, entouré de toutes les joies du luxe, et celui du travailleur vivant au jour le jour de l'œuvre de ses mains. Bien que ces situations soient extrêmes, elles ne laissent pas que de faire la lumière sur la question.

Chez le riche, le désir est émoussé par la facilité de la satisfaction, la santé est chancelante parce que la dépense de force n'est pas en rapport avec la bonne chère. De là des maladies spéciales à cette classe d'individus. L'ennui et le vide de l'âme tiennent lieu du sentiment intime et vivifiant qui accompagne tout acte créateur.

Au contraire, le plus humble travailleur jouit ordinairement de la santé. Il n'a pas de maux de nerfs et ne sent pas son estomac. L'appétit, sans lequel l'ambroisie céleste n'aurait aucune saveur, ne lui manque jamais. Le travailleur ne connaît ni l'ennui, ni l'abattement, ni le vide de l'âme. La sienne est toute pleine des nécessités de l'action, du but à atteindre et du sentiment de satisfaction qui résulte de tout acte utile.

Lequel est le plus heureux de l'oisif ou du travailleur?

Le travail a été maudit, il doit être glorifié. Le travail maudit, c'est le passé, le travail glorifié, c'est l'avenir, et même déjà un peu le présent.

Car, ainsi que l'a remarqué Montaigne, avec un sens profond: « La nature a maternellement observé cela, que les actions « qu'elles nous a enjointes pour notre besoing, nous fussent « aussi voluptueuses. »

Je ne puis donner, en passant, que quelques courtes indications sur la voie où se trouve la solution des problèmes posés par le prolétariat. Le communisme est une folie chimérique et rétrograde. L'association, de plus en plus intelligemment pratiquée, voilà la vérité. Mais l'association ne sera complète et ne pourra produire tous ses effets que par une organisation du travail conforme à la nature humaine, par conséquent acceptée par l'homme comme sa fonction naturelle, et le plaçant ainsi, à l'égard de ses semblables, dans des conditions de paix; en ce qui le touche lui-même, dans les seules conditions de bonheur possible en ce monde.

Ce n'est point ici le lieu de m'étendre sur cette matière importante. Ceux qui cherchent de bonne foi trouveront. Quant aux autres, il y a mieux à faire que de donner un nouveau texte à leurs vaines paroles, à leurs stériles discussions. Le salut est de ce côté, non ailleurs.

XII

DE L'APPEL A LA FORCE

Les appels à la force, les allusions à 93 et à juin 48, à la Commune de 71, les paroles qui éveillent la haine et la vengeance, qui tendent à faire des frères ennemis des hommes destinés à s'entendre, tout cela est aussi malsain, rétrograde et faux que les doctrines du journal *le Pays*, résumées dans cet axiome: *On ne discute pas le socialisme, on le supprime.* Cette glorification de la force, c'est le maintien dans les sociétés humaines de la vieille ennemie de la justice, de l'antique adversaire du droit. Si l'on peut dire, l'histoire à la main, que jusqu'ici la force presque toujours et la ruse quelquefois ont été les maîtres du monde, et ont servi d'instruments pour gouverner les hommes, cette doctrine peut être facilement réduite à l'absurde et mise à nu et à néant.

Autant on ferait preuve d'ignorance en niant la force comme fait historique, autant il serait insensé, impie, de la soutenir comme un droit. Vous m'avez opprimé parce que vous étiez le plus fort, je vous opprime à mon tour parce que je le suis devenu. Il n'y a là que des faits, point de droits. Ces deux mots hurlent de se voir accouplés. Chacun perdant son droit quand il perd sa force, on voit de suite que les deux termes, en cette occasion, se réduisent à un seul, la force.

Ceux qui invoquent la force oublient que la force est aveugle, qu'elle défait le lendemain ce qu'elle a fait la veille, et que le plus souvent elle n'élève une idole que pour la briser. Rienzi, Mazaniello, Étienne Marcel, Barnewelt, Jean de Witt, etc, en sont de mémorables exemples.

La France, dans une tempête suprême et formidable, où s'abîmait le passé et d'où devait surgir une société nouvelle, la France a produit 93. Et 93, dans un paroxysme de fureur aveugle, a dévoré amis et ennemis. On n'est pas plus honnête que le modeste et savant Bailly. Un jour, la postérité, jugeant les hommes en dehors du succès et du prestige de la fausse gloire, surtout de la gloire des armes, la postérité placera Lafayette, comme valeur morale et comme dévouement à la sainte cause de la justice, auprès de Franklin et de Washington.

Juin 48 a été un horrible malentendu, comme il en surgit dans les convulsions sociales. Une situation fausse, des souffrances et des misères réelles constituaient le fonds de ce mouvement ; ce fonds fut perfidement exploité par les intrigues des partis et les menées des ambitieux. Que pouvait-il sortir de cette confusion où des hommes tels que le colonel Guinard et mon ami de Flotte se trouvaient dans des rangs opposés et auraient pu, sans se démentir, changer de rôle par le hasard des circonstances, où les plus honnêtes et les plus dévoués se sentaient hésitants et le cœur coupé en deux ? De cette lutte ténébreuse il ne pouvait sortir qu'un abîme de sang, de ruines, de malheurs de tout genre, pour créer des obstacles au progrès social. L'expérience ne l'a que trop confirmé. Les insurgés de juin n'avaient ni plan, ni idées, et n'auraient pu établir un gouvernement. S'ils eussent été momentanément maîtres de Paris, il y aurait eu plus de sang versé, plus de ruines et plus de crimes, par la prolongation de la lutte. Mais la masse de la nation, sous l'influence du passé, sous la pression de la nécessité, eût comprimé cette explosion. Détournons les yeux de ce lamentable spectacle, dont il ne faut évoquer le souvenir que pour s'instruire et mieux comprendre les choses.

Ceci était écrit trois ans avant les événements qui produisirent la Commune de 1871. Cette dernière insurrection socialiste a tristement confirmé notre jugement et nos prévisions. La Commune a été maîtresse de Paris, et il y a eu plus de sang versé, plus de ruines, plus de crimes. La convulsion a été plus longue et plus horrible. Enfin, tous ces crimes ont été couronnés, si l'on peut s'exprimer ainsi, par le crime impie et inexpiable d'avoir commis les autres, sous les yeux et sous le pied de l'ennemi qui venait de nous piller, brûler, saigner et démembrer !...

XIII

CE QU'IL FAUT PRÊCHER — OU EST PRATIQUEMENT LE BIEN

Revenons au présent. Il faut être pratique et ne pas prendre les vessies pour des lanternes. Heureusement notre époque s'attache de plus en plus à l'esprit positif. On ne veut plus s'égarer à la suite d'une hypothèse, sur la foi d'un voyant ou d'un mystique. On ne croit plus aux alouettes tombant toutes rôties dans des bouches affamées, sur la parole d'un orateur en délire. On sait bien que trois mois de misère au service de la République ne peuvent, hélas! suffire pour la solution définitive du problème social. Les orateurs des réunions publiques feront sagement de se montrer pratiques et de se placer sur le terrain solide des études positives en science sociale. Le sentiment a du bon, mais il faut encore autre chose pour résoudre des problèmes d'économie politique. Et par exemple, la première condition, pour raisonner des améliorations à apporter à la société, n'est-elle pas de tenir un juste compte de l'état intellectuel, moral et industriel des peuples? Chaque problème ne varie-t-il pas selon l'état de l'instruction, des mœurs, de la propriété territoriale, des conditions de travail, de climat, etc.? Et n'y a-t-il pas beaucoup d'inexpérience à jeter, de but en blanc, un système ou simplement une idée, à la tête d'un peuple, sans s'être au préalable bien fixé sur les conditions dont nous parlons?

Je passe à un exemple. Je suppose que le communisme soit aussi vrai qu'il est faux, aussi vrai que cette bonne grosse vérité, aujourd'hui hors de contestation: *tous les hommes sont égaux devant la loi.*

Je suppose que nos orateurs des réunions publiques veuillent rallier au communisme la masse du peuple, car ils ne peuvent faire triompher leur vérité qu'à ce prix. C'est en pareil cas surtout que le suffrage universel devient indispensable, car il s'agit d'une chose qui touche chacun au vif et à coup sûr le fera crier. Comment ne voit-on pas que la masse du peuple est hors d'état de comprendre un système d'idées qui embrasserait l'ensemble des relations sociales, dans leur multiplicité et leur unité? Le peuple français, empêché par son ignorance et sa dé-

pendance matérielle, serait inévitablement conduit et dominé
par ceux qui représentent le passé religieux, social et économique de notre pays. Les orateurs ne recruteraient pas dans les
masses beaucoup d'apôtres et de martyrs. Et qu'adviendrait-il
de ceux qui se seraient laissé entraîner à leur parole enflammée?
Rappelons-nous l'histoire des Pastoureaux et des Jacques.

Les nouveaux Jacques seraient finalement détruits par quelques Captal de Buch, un sabreur moderne, au nom et pour le
compte du grand nombre, hors d'état d'entendre la vérité nouvelle. Ils seraient vaincus, comme le fut l'héroïque Spartacus,
mal obéi des siens.

Mais tel n'est pas le cas du communisme, qui n'est pas une
vérité. Il ferait beau voir venir le prêcher aux petits propriétaires, paysans et ouvriers de tout genre! Quel succès! et
comme les orateurs seraient accueillis avec leurs belles promesses! L'homme qui tient un peu de terre et la cultive de ses
mains lâcherait cette proie, tant convoitée, tant aimée, pour
l'ombre que l'on ferait danser devant lui !!!

Il donnerait plutôt sa part de paradis que son lopin de terre.
Les prêcheurs en verraient de belles, et leurs discours leur
rentreraient bientôt au ventre, en compagnie de fourches, de
pieux, de pioches, de masses et de faux. La folie du communisme n'entrera jamais dans ces têtes-là. A cet égard il n'y a
rien à craindre, et les grands propriétaires, en petit nombre en
France, peuvent être rassurés, parce qu'ils font cause commune avec l'immense majorité des petits propriétaires.

Le communisme n'aurait pas contre lui la raison, la vérité
et la justice, qu'il aurait cette impossibilité radicale et matérielle.

Prêcher l'erreur pour saisir le pouvoir par la force est impossible; prêcher la vérité pour que la vérité devienne la loi
est difficile. Ce n'est pas en un jour qu'on viendra à bout de la
faire comprendre et accepter.

Prêcher la vérité, là pourtant est l'unique moyen d'être fort,
et de faire en sorte que la loi nouvelle soit acceptée, parce que
chacun comprend qu'elle est favorable à tous.

Orateurs populaires, prêchez donc la vérité, qui n'est pas le
communisme, mais tout le contraire : le respect de chaque
individu, le respect du droit en tous et en chacun, le respect
de la vie humaine, le respect de la propriété, le respect de
ce qui est juste et enfin la recherche des moyens de rendre
chaque jour, plus intime et plus complète, l'association de

tous les citoyens, association qui n'est encore qu'une ébauche, assez mal réussie.

Ce n'est pas à la force qu'il faut en appeler. Les invocations à la force sont impies, et heureusement commencent à n'être plus de notre époque. C'est la science qu'il faut invoquer, c'est elle qu'il faut appeler, c'est à elle qu'il faut dresser un autel en son âme et des temples sur nos places publiques. Avec la science, tout est possible, et sans elle, eût-on la force d'Hercule, rien de juste, rien de durable ne saurait être établi.

Ah ! si le roi le savait ! Aujourd'hui, c'est le peuple qui est roi ; d'après notre constitution politique, lui seul est souverain. Il faut donc qu'il apprenne, qu'il se fasse savant. Toute la question est là, car, dès que le roi saura, le seul maître, le vrai maître, réalisera le bien de tous, autant vaut dire son bien à lui-même.

Le prolétaire est le nombre, c'est-à-dire la force aveugle. Qu'il soit la science, c'est-à-dire la force devenue intelligente et morale, et la société, dans l'ordre et la paix, marchera de progrès en progrès. Plus besoin de violence et de coups de force. Le peuple n'a qu'à se lever et à manifester sa volonté. Qui pourrait lui résister ? Aujourd'hui même, si le peuple savait, n'a-t-il pas son sort entre les mains, n'est-il pas le maître ? Où sont ses chaînes ? Hélas ! elles ne sont que trop visibles ; c'est son ignorance, son incapacité, son insuffisance pour sa fonction de souverain.

A l'école ! à l'école ! voilà le mot d'ordre pour tous et pour chacun.

ÉPILOGUE

Nous n'ajouterons que peu de mots à cette discussion sur le fond de la question sociale.

Toutefois, au point de vue de l'actualité, cette brochure serait incomplète si je passais, sans y prendre garde, sur l'attitude des feuilles intransigeantes, à caractère révolutionnaire, telles que la *Révolution française*, la *Marseillaise* et le *Prolétaire*, pour ne citer que celles-là. Chaque matin, ces journaux s'efforcent de ressusciter le socialisme systématique, tel qu'il se fit connaître par sa violente explosion en 1848.

On se rappelle encore, si l'on n'est plus dans la première jeunesse, quels étaient les fiers champions de l'idée socialiste à cette époque : Proudhon, Cabet, Louis Blanc, Victor Considérant, Pierre Leroux, les Comtistes, agitèrent l'opinion publique et jetèrent l'épouvante dans la plupart des esprits. Le conspirateur de Strasbourg et Boulogne avait lui-même poussé à ce mouvement par ses relations avec plusieurs socialistes, et par son livre sur l'*extinction du paupérisme :* nous ne dirons rien d'autres agissements plus secrets. Il comptait bien que cette mêlée d'idées produirait une confusion perturbatrice, dont il pourrait plus tard faire son profit.

Sans doute, bien des causes ont contribué à l'avortement de cette innocente et admirable république de 1848, que Lamartine avait si justement appelée *la révolution du mépris*. Mais, entre toutes ces causes, l'une des plus graves, c'est l'explosion du socialisme.

Or, il importe de profiter de cette cruelle expérience et de ne pas repasser par les mêmes errements funestes.

Il faut bien le comprendre, le socialisme a deux aspects : l'un, doctrinaire et systématique, l'autre, expérimental et pratique.

Le premier, ayant la prétention d'apporter un système entier et complet, et de changer la société de la base au faîte, est forcément révolutionnaire. Cela se voit.

En conséquence, les sociétés ne peuvent accepter ce remède héroïque, par une juste crainte d'en périr sur le coup. Il faut donc condamner le socialisme systématique, et comme inapplicable et comme perturbateur.

Quant au socialisme pratique, expérimental, il en va tout autrement. Ici, tout peut être essayé, accueilli favorablement, puisqu'il ne s'agit que de juger sur preuves et par expériences partielles.

Les *Trades unions*, les sociétés de secours et garanties mutuelles, les sociétés coopératives, soit de production, soit de consommation, les contrats entre patrons et ouvriers consacrant la participation des ouvriers aux bénéfices, etc., évidemment tout cela est digne d'encouragement, tout cela est du plus haut intérêt. Qui ira le plus loin et le plus heureusement dans cette voie aura rendu les plus grands services à ses semblables.

Au lieu de la Banque du peuple de Proudhon, de l'organisation du travail de Louis Blanc, de l'Icarie de Cabet, du Phalanstère de Considérant, du communisme de celui-ci et du collectivisme de celui-là, qu'on nous montre, qu'on prépare des coopérations, des associations, comme celles du Familistère de M. Godin, de la Société des ouvriers peintres Leclaire, etc. Voilà du bon socialisme, produisant des fruits, ayant fait ses preuves, nous représentant de véritables étapes sur la voie du progrès régulier, pacifique et certain. Cela est positif, autant qu'étaient chimériques les grands rêves socialistes que nous venons de rappeler.

Et puis, il faut que nous le redisions une dernière fois aux socialistes doctrinaires, systématiques, intransigeants, il est une chose dont ils ne se doutent pas et qui est pourtant l'alpha et l'oméga, le fond et le tréfond de la question sociale. Cette chose, c'est tout simplement et en deux mots, la transformation du travail-peine en travail-fonction. Tant que le travail conserve le caractère de peine, il faut, pour l'obtenir, avoir recours à la contrainte. Or la contrainte, c'est la violence sous une forme quelconque. Adieu la paix sociale et la fraternité. Pas moyen de sortir encore des sociétés d'exploitation de l'homme par l'homme. Et il n'y a d'autre porte que celle-là ; remplacer le travail forcé, parce qu'il est peine et châtiment, par le travail-fonction, parce qu'il est conforme à la nature humaine.

Sur cette question, les socialistes révolutionnaires sont muets et pour cause, puisqu'ils n'en savent pas le premier mot.

Pourtant, grâce aux sciences et à leurs récentes applications à l'industrie, nous voyons apparaître des éléments nouveaux, favorables à cette transformation nécessaire.

La création de la grande industrie ; le merveilleux et puissant outillage de nos machines, qui permettent la division du travail en minimes fonctions pour l'homme, en opérations très simples pour les choses ; la propriété actionnaire ou fractionnée en petites coupures ; l'ouvrier intéressé à son œuvre parce qu'il participe aux bénéfices ; l'espace et le temps vaincus par l'électricité, la vapeur et le chemin de fer ; les hommes, les choses et les idées circulant rapidement d'un bout du monde à l'autre, voilà des conditions nouvelles qui préparent cette transformation fondamentale et nécessaire du travail. Après tout, le travail est la grande œuvre de l'homme : il doit être l'expansion de ses forces naturelles, la pleine manifestation de son activité créatrice, et partant il est la mesure et l'expression du bonheur compatible avec notre organisation physique et morale.

RÉSUMÉ EN FORME D'AXIOMES

L'esclave a eu son jour, le serf a eu son jour, le prolétaire aura le sien. C'est la leçon de l'histoire.

Contre toutes les défaites, contre toutes les impossibilités du moment, le droit de Spartacus, le droit de John Brown, le droit de Jacques Bonhomme reste entier.

Le communisme n'est pas le comble de l'art d'associer les hommes, il en est l'enfance.

De chacun selon ses forces, à chacun selon ses besoins. Cette formule, inscrite sur la bannière du communisme, exprime une aspiration juste. Mais il ne faut pas s'y tromper, c'est là un but à atteindre, et la formule ne peut tenir lieu d'un moyen de résoudre le problème.

Le problème social ne sera définitivement résolu que par la transformation du *travail-peine* en *travail-fonction*, librement accepté.

~~~~~~

La propriété privée constitue une phase nécessaire et progressive de l'évolution des sociétés humaines.

~~~~~~

La propriété n'est pas le vol, comme la paternité n'est pas le droit de vendre et de tuer son enfant, droit qui était celui des anciens Romains et des patriarches.

~~~~~~

Plus il y a de sécurité sociale, plus il y a de capitaux et plus l'intérêt de l'argent et le loyer des choses diminuent, et encore plus s'accroît le travail et plus s'élève sa rémunération.

~~~~~~

La question de la propriété privée est liée à la question du travail.
La propriété est d'autant plus murée et plus armée que le travail est plus dégradant, plus inefficace et moins rémunéré.

~~~~~~

Avec le travail de l'esclave et du serf, avec celui du prolétaire, l'effort de l'activité humaine est faible; avec le travail coopératif, en participation, l'action de l'homme commence à devenir puissante; elle atteint son maximum d'effet utile par l'association, basée sur le *travail-fonction*.

~~~~~~

L'appel à la force est folie ou crime. Quand le fort n'est que fort, rien n'est changé, la violence et l'injustice président toujours aux relations sociales. Quand le fort est intelligent, il n'a qu'à lever la main ou plutôt il n'a qu'à dire : je veux; alors seulement, il y a ordre et justice pour tous.

Paris. — Imp. Dubuisson et Cⁱᵉ, rue Coq-Héron, 5.

www.ingramcontent.com/pod-product-compliance
Lightning Source LLC
Chambersburg PA
CBHW061646060726

47597CB00005B/2080